CUESTIÓN DE DINERO

# Aprende las monedas

## Conocimientos financieros

Linda Claire

Encontré 1 moneda de un centavo.

1¢

1 centavo

Encontré 9 monedas de un centavo más. Ahora tengo un total de 10 monedas de un centavo.

10 ¢

10 centavos

Pagué con 1 moneda de cinco centavos.

5¢

5 centavos

Pagué con 9 monedas de cinco centavos más. Pagué con un total de 10 monedas de cinco centavos.

50¢

50 centavos

Ahorré 1 moneda
de diez centavos.

10 ¢

10 centavos

Ahorré 9 monedas de diez centavos más. Ahorré un total de 10 monedas de diez centavos.

# 100¢ o $1

100 centavos
o 1 dólar

Gané 1 moneda
de veinticinco
centavos.
¡Quiero ganar más!

25¢

25 centavos

# Resolución de problemas

Cuenta las monedas de la alcancía de Meg. Escribe lo que valen.

| Monedas | ¿Cuántas? | ¿Cuál es su valor? |
|---|---|---|
|  | | |
|  | | |
|  | | |
|  | | |

LIBERTY
1974

# Soluciones

 : 7, 7¢

 : 2, 10¢

 : 4, 40¢

 : 1, 25¢

# Asesoras

**Nicole Belasco, M.Ed.**
Maestra de jardín de niños, Distrito Escolar Colonial

**Colleen Pollitt, M.A.Ed.**
Maestra de apoyo de matemáticas, Escuelas Públicas del Condado de Howard

**Créditos de publicación**

Rachelle Cracchiolo, M.S.Ed., *Editora comercial*
Conni Medina, M.A.Ed., *Redactora jefa*
Dona Herweck Rice, *Realizadora de la serie*
Emily R. Smith, M.A.Ed., *Realizadora de la serie*
Diana Kenney, M.A.Ed., NBCT, *Directora de contenido*
June Kikuchi, *Directora de contenido*
Véronique Bos, *Directora creativa*
Robin Erickson, *Directora de arte*
Caroline Gasca, M.S.Ed., *Editora superior*
Stacy Monsman, M.A. y Karen Malaska, M.Ed., *Editoras*
Michelle Jovin, M.A. y Sam Morales, M.A., *Editores asociados*
Fabiola Sepúlveda, *Diseñadora gráfica*
Jill Malcolm, *Diseñadora gráfica básica*

**Créditos de imágenes:** Todas las imágenes provienen de iStock y/o Shutterstock.

**Library of Congress Cataloging-in-Publication Data**

Names: Claire, Linda, author.
Title: Cuestion de dinero. Aprende las monedas : conocimientos financieros / Linda Claire.
Other titles: Money matters. Find the money. Spanish | Aprende las monedas
Description: Huntington Beach, CA : Teacher Created Materials, Inc., [2020] | Series: Mathematics readers | Audience: K to grade 3. |
Identifiers: LCCN 2018052843 (print) | LCCN 2018055004 (ebook) | ISBN 9781425822873 (eBook) | ISBN 9781425828257 (pbk.)
Subjects: LCSH: Coins--Juvenile literature. | Money--Juvenile literature. | Mathematics--Juvenile literature.
Classification: LCC HG221.5 (ebook) | LCC HG221.5 .C5318 2020 (print) | DDC 332.4/043--dc23
LC record available at https://lccn.loc.gov/2018052843

**Teacher Created Materials**
5301 Oceanus Drive
Huntington Beach, CA 92649-1030
www.tcmpub.com

**ISBN 978-1-4258-2825-7**